KB197228

Must Know Coral Reefs Story for Children

According to environmental experts, about 60% of the world's coral reefs are at risk due to human-related activities. Approximately 10% of the world's coral reefs are already dead, and a recent study showed that corals may be extinct by 2050.

Coral reefs are home to 25 percent of the plant and animal species that live in the ocean. Coral reefs are extremely diverse marine ecosystems hosting over 4,000 species of fish, massive numbers of cnidarians, molluscs, crustaceans, and many other animals. Not only do coral reefs provide places to live for countless sea creatures, they also protect shorelines from dangerous storms and rising sea levels. Also, worldwide, more than 500 million people depend on coral reefs for food, income, coastal protection, and more.

However, coral reefs are facing multiple threats such as pollution and climate change. In particular, coral mining, agricultural and urban runoff, pollution, overfishing, blast fishing, disease, and the digging of canals and access into islands and bays are localized threats to coral ecosystems.

Broader threats are sea temperature rise, sea level rise and pH changes from ocean acidification. These are all associated with greenhouse gas emissions.

People can't live where coral reefs can't. There is only one earth, and all the living things are linked in inseparable rings.

Then, what should we do to save the coral from the brink of extinction? This book is a very fine report on how to do it. This book provides a good approach to the environment. Let's read and find out more about the crucial things in the coral reefs.

If you read the book, you'll want to tell your peers how important the reef is so they can help protect it.

In the Text

1. *What's the difference between coral and coral reefs?*
2. *What are coral reefs?*
3. *What lives in the coral reef?*
4. *Environmental issues with coral reefs*
5. *Coral reef protection*

산호초가
모두
사라지면?

풀과바람 환경생각 09

산호초가 모두 사라지면?
Must Know Coral Reefs Story for Children

1판 1쇄 | 2019년 4월 29일
1판 9쇄 | 2024년 3월 18일

글 | 김황
그림 | 끌레몽

펴낸이 | 박현진
펴낸곳 | (주)풀과바람
주소 | 경기도 파주시 회동길 329(서패동, 파주출판도시)
전화 | 031) 955-9655~6
팩스 | 031) 955-9657
출판등록 | 2000년 4월 24일 제20-328호
블로그 | blog.naver.com/grassandwind
이메일 | grassandwind@hanmail.net

편집 | 이영란
디자인 | 박기준
마케팅 | 이승민

ⓒ 글 김황, 그림 끌레몽, 2019

이 책의 출판권은 (주)풀과바람에 있습니다.
저작권법에 의해 보호를 받는 저작물이므로 무단 전재와 복제를 금합니다.

값 11,000원
ISBN 978-89-8389-787-9 73490

※잘못 만들어진 책은 구입처에서 바꾸어 드립니다.

이 도서의 국립중앙도서관 출판예정도서목록(CIP)은 서지정보유통지원시스템 홈페이지(seoji.nl.go.kr)와
국가자료공동목록시스템(www.nl.go.kr/kolisnet)에서 이용하실 수 있습니다. (CIP제어번호 : CIP2019012315)

제품명 산호초가 모두 사라지면? | **제조자명** (주)풀과바람 | **제조국명** 대한민국 **전화번호** 031)955-9655~6 | **주소** 경기도 파주시 회동길 329 **제조년월** 2024년 3월 18일 | **사용 연령** 8세 이상 KC마크는 이 제품이 공동안전기준에 적합하였음을 의미합니다.	⚠ **주의** 어린이가 책 모서리에 다치지 않게 주의하세요.

산호초가 모두 사라지면?

김황 · 글 | 끌레몽 · 그림

머리글

'산호초'라는 말을 들으면, 여러분은 무엇이 떠오르나요? 눈이 시릴 정도로 파란 열대 바다에 펼쳐지는 에메랄드빛 산호초와 그 사이를 누비는 화려한 색의 물고기들. 아마도 그런 아름다운 광경을 머릿속에 떠올릴 거예요.

그런데 지금 그 아름다운 산호초가 세계 곳곳에서 사라지고 있어요. 2015년에 발표된 '세계 자연 기금(WWF)'의 〈살아 있는 지구 보고서〉는 '이대로라면 2050년에는 산호초가 멸종할 수도 있다'고 경고했어요.

1998년에 이어 2016, 2017년에도 산호의 대규모 죽음이 보고되었어요. 그 원인의 하나가 지구의 기온이 높아지는 '지구 온난화'예요.

'음, 아름다운 풍경이 없어지는 것은 아쉬운 일이지만, 산호초가 사라지는 게 나와 무슨 상관이 있죠?'

'산호초가 사라진다고 해도 그건 산호초가 있는 나라 문제지요. 우리나라에는 산호초가 없대요. 그러니 우리는 산호초에 대해 별로 자세히 알 필요가 없어요.'

이렇게 생각하는 친구도 있겠지요. 맞아요, 우리나라에는 산호초가 없어요. 하지만 산호초는 우리와 매우 밀접한 관련이 있답니다.

물고기를 예로 들어볼까요. 산호초에는 바다에 사는 바다 생물 종의 무려 4분의 1이 산답니다. 바다에는 해류가 있어서 남쪽 바다에서 오는 따뜻한 바닷물과 함께 물고기 같은 여러 생물이 우리 바다로 이동해요.

　만약 산호초가 모두 사라지면 어떻게 될까요? 산호초에서 자란 물고기 등이 우리 바다로 오지 않게 되고, 우리는 바다 자원의 혜택을 받지 못하게 될 거예요.

　얼핏 보기에는 우리와 아무 상관 없는 듯한 산호초이지만, 우리와도 깊은 관련이 있어요. 산호초의 역할은 물고기의 보금자리로만 끝나지 않아요. 기후 등에도 아주 큰 영향을 주고 있지요.

　하지만 이런 산호초의 중요한 역할에 대해 아직은 잘 알려지지 않은 게 현실이에요. 그래서 '국제 산호초 기구(ICRI)'는 2018년을 '국제 산호초의 해'로 정해서 산호초의 중요성을 널리 알렸어요.

　동물 전문 작가인 아저씨도 바다 생물들을 위하여 뭔가를 해야겠다고 생각하고 이 책을 썼답니다.

　산호초란 과연 어떤 곳이고, 왜 지켜야 하는지 알기 쉽게 이야기해 줄게요. 어서 이야기를 시작해요!

김황

차례

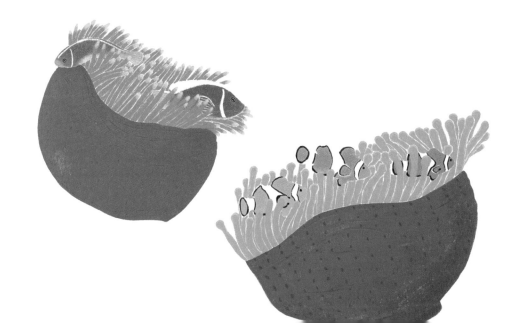

1. 산호는 '생물', 산호초는 '지형'

산호초는 '바다의 열대 우림'

여러분도 '열대 우림'이라는 말을 한 번쯤은 들어 본 적이 있죠? 열대 우림이란 어떤 곳일까요? 오랑우탄이나 침팬지가 사는 깊은 숲을 떠올리

면 돼요. 거기에는 형형색색의 곤충이나 새들도 함께 살고 있지요.

'열대 우림'이란 말 그대로, 일 년 내내 따뜻하고 비가 많이 오는 열대

지방의 우거진 숲을 뜻해요. 아시아, 아프리카, 오스트레일리아, 중앙아메

리카, 남아메리카 등에 있고, 지구에서 가장 큰 열대 우림은 '아마존'이죠.

열대 우림은 지구 표면적의 3.6%(육지의 6%) 정도를 차지할 뿐인데, 지구의 식물과 동물의 무려 절반 이상의 종이 그곳에서 살아요.

예를 들어 개구리는 땅이 넓은 미국에서 80종 정도가 살아요. 그런데 미국의 텍사스주보다 작은 섬나라 마다가스카르 열대 우림에는 300종의 개구리가 살고 있지요.

열대 우림은 수많은 식물이 이산화탄소를 흡수해서 산소를 만들어 지구의 기후를 안정시키고 있어요. 이처럼 열대 우림은 면적은 좁아도 아주 중요한 역할을 하는 곳이기에 사람들은 지구에서도 가장 중요한 곳이라 여기고 있죠.

산호초는 가끔 '바다의 열대 우림'으로 불립니다. 땅 위의 열대 우림처럼 바닷속에서 수많은 식물이 우거져서 그럴까요? 산호초는 해조류가 우거진 곳은 아니에요. 그런데 왜 '열대 우림'이라 부를까요?

산호초는 지구 표면적의 0.1%(바다의 0.2%) 정도밖에 되지 않아요. 지구에서 차지하는 면적은 열대 우림보다도 더 좁죠. 그런데도 바다에 사는 생물의 4분의 1이 산호초와 관련을 맺으며 살고 있답니다! 정말 놀랍지 않나요?

산호초는 지구 표면적의
0.1% 정도밖에 되지 않지만,
바닷속 생물 25%와
관련 있어요!

산호초가 있는 바다 역시 육상의 열대 우림처럼 이산화탄소를 줄이고 산소를 만들어서 기후 안전에 중요한 역할을 하고 있죠.

비록 면적은 좁아도 다양한 생물이 살고, 기후에 큰 역할을 하기에 산호초를 '바다의 열대 우림'이라 하는 거예요. 육상의 열대 우림만큼, 아니 그보다 더욱 중요한 곳이라 할 수 있습니다.

그런데 오늘날, 육상의 열대 우림이 개발 때문에 해마다 줄어드는 것처럼 산호초 역시 급속히 사라지고 있답니다.

13

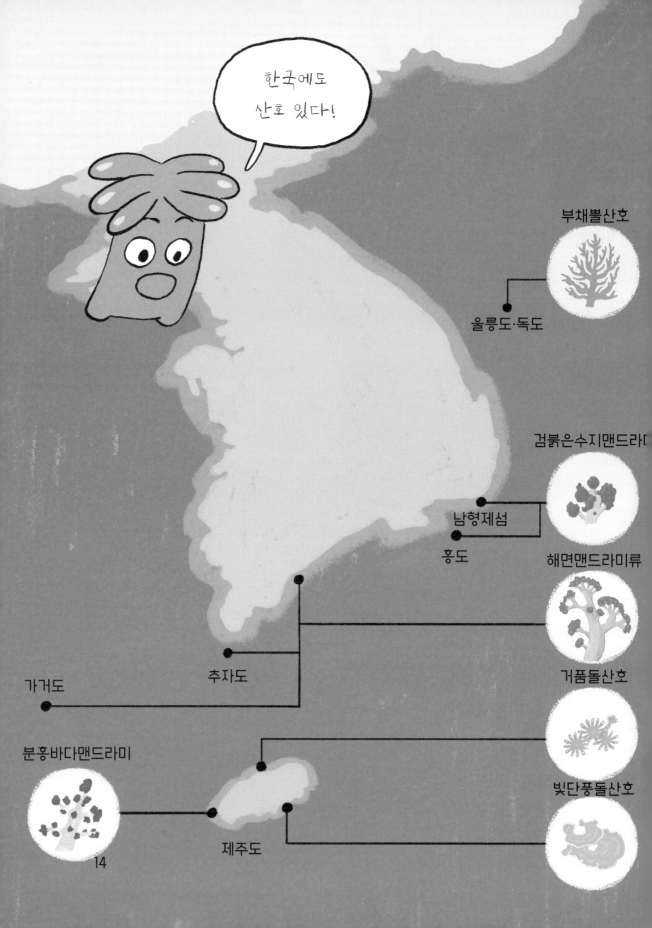

우리나라에는 산호가 없을까?

지구에서 가장 중요한 것 중 하나인 산호초. 그곳을 더 잘 알자면, 우선 산호가 무엇인지부터 알아야 해요.

'산호'와 '산호초'를 혼동하는 경우가 많은데, 산호는 '생물'이고, 산호초는 산호에 의해 만들어진 '지형'을 말해요.

산호초가 적도 부근의 따뜻한 바다에 있으니 우리나라에는 산호가 없다고 생각하는 사람이 있는데, 우리나라에도 산호는 있어요.

우리나라에는 현재 137종의 산호가 확인되어 있고, 제주도에서는 97종의 산호가 사는 것으로 밝혀졌지요.

사실 산호는 열대 바다에서만 볼 수 있는 것은 아니라 수심 1천 미터가 넘는 깊은 캄캄한 심해에서부터 북극이나 남극에 가까운 차가운 바다까지 고루 퍼져 있어요.

세상에는 약 2500여 종의 산호가 있답니다. 그런데 산호를 연구하는 사람들이 가장 어려워하는 것 중 하나가 산호를 종에 따라 분류하는 거라 해요. 그것은 산호가 같은 종이어도 사는 장소에 따라 또는 환경에 따라 모양이 다르기 때문이에요.

산호초를 만드는 산호와 만들지 않는 산호

산호를 크게 나누면 산호초를 만드는 산호와 만들지 않는 산호로 나누어집니다.

돌산호(석회 산호) 종류는 단단한 뼈대가 있어서 얕은 바다에서 산호초를 만드는 산호입니다. 그런데 단단한 뼈대를 가지는 데도 산호초를 만들지 않는 산호가 있어요. 빨간산호나 영분홍산호 등인데, 이들은 옥빛 보석으로 이용되는 산호라 '보석 산호'라 불리며 깊은 바다에서 살아요.

단단한 뼈대가 없어서 산호초를 만들지 못하는 산호도 있어요. 바다맨 드라미는 하얀 가지에 빨간색이나 노란색, 오렌지색의 작은 덩어리가 꽃처럼 아름다운 산호예요. 이들 종류는 '연(軟)산호'라 불리지만, 몸속에는 뼛조각이 들어 있어요.

이렇게 그저 산호라 해도 그 생김새와 사는 방식은 아주 다양하답니다 (각각 예외도 있습니다).

산호에서 산호초로

산호초를 만드는 돌산호 종류들은 바닷물 속에 있는 재료로부터 탄산칼슘을 만들어 몸을 돌같이 단단하게 해서 자기 몸을 지켜요. 죽으면 산호의 연한 살 부분은 없어지지만, 단단한 뼈대는 그냥 남지요.

이것이 차차 진짜 돌이 되어 가요. 거기에 석회질의 껍데기를 가진 유공충이나 조개, 게, 새우 등 여러 생물의 사체도 함께 쌓이지요.

그러고는 다시 거기에 산호가 자라서 죽거나 부서지고 다른 생물의 사체도 쌓이고, 계속 반복해서 수만 년이나 되는 오랜 세월을 거쳐 산호초란 '지형'이 만들어지는 거예요.

환초의 형성 과정

산호초는 형태에 따라 거초, 보초, 환초로 나뉘어요. 산호가 섬 주위를 둘러싸고 발달한 것이 '거초', 섬과 산호초가 바다에 의해 나뉜 것을 '보초', 섬이 가라앉고 고리 모양의 산호초만이 원을 이루며 발달한 것을 '환초'라고 하지요.
환초가 형성되는 과정을 살펴보면, 섬 주위에 산호가 자라 거초가 만들어지고, 이후 섬이 점차 침강하면서 보초로 바뀌어 갑니다. 오랜 시간이 흘러 섬이 물속에 잠기면, 바다 위에는 고리 모양의 환초만 남습니다.

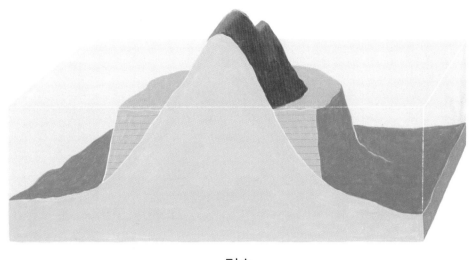

거초

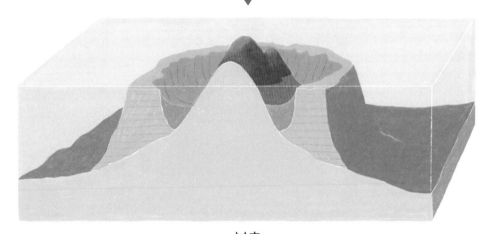

보초

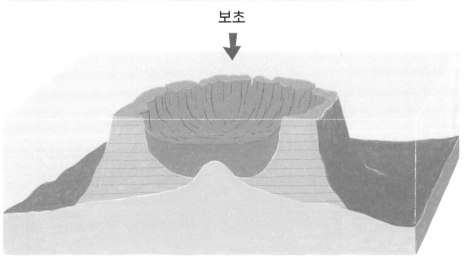

환초

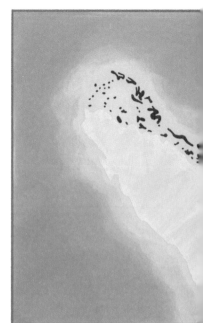

　세상에서 가장 큰 산호초는 오스트레일리아 대륙 동쪽에 있는 '대보초 (그레이트배리어리프)'예요. 길이가 약 2300킬로미터입니다. 이것은 생물이 만들어낸 세상에서 가장 큰 구조물이며 달에서부터도 보인답니다.

　하지만 대보초는 다 산호초가 아니에요. 대보초는 약 2900개의 작은 산호초와 약 900개의 섬으로 이루어져 있지요.

　중요한 것은 이만큼 커다란 크기가 되는 데에 1800만 년이란 세월이 필요했다는 거예요. 만약 이런 산호초를 잃는다면, 그 기나긴 세월까지도 함께 잃는다는 것을 잊지 말아야 해요!

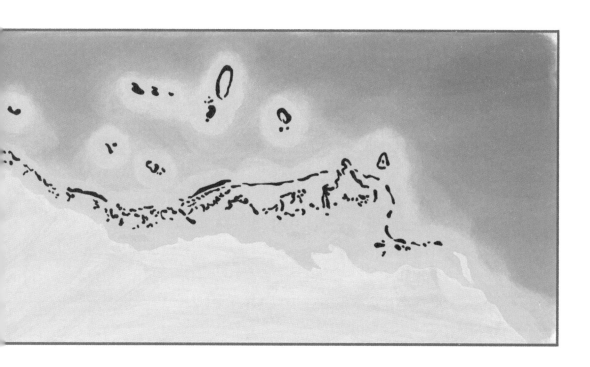

산호는 종류나 자라는 환경에 따라 성장하는 속도가 달라요. 1년에 수 밀리미터에서 20센티미터까지 성장 속도가 가지각색이지요. 보통 가지 (뿔) 모양으로 길게 자라는 산호는 성장이 빠르고, 둥근 모양의 산호는 성장이 늦다고 해요.

산호초를 만드는 돌산호들은 탁한 바다를 싫어하고 햇살이 잘 비치는 투명하고 수심이 얕은 바다를 좋아해요. 또한 연평균 수온이 18~30도가 아니면 잘 자라지 않지요.

우리 바다에도 산호가 있지만, 돌산호 종류들이 좋아하는 이런 조건과 환경이 마련되지 않아 산호초가 없답니다.

2. 알면 더 흥미로운 산호의 특성

산호는 식물일까? 동물일까?

산호 중에는 마치 나무나 풀처럼 줄기와 가지가 나 있는 것들이 있고, 꽃처럼 생긴 것들도 있어서 과거에는 식물이라 생각했어요.

여러분은 식물과 동물을 구별할 때 무엇으로 구별하나요? 움직이지 못하는 게 '식물', 움직이는 것이 '동물'이란 판단 기준으로 말한다면 산호는 움직이지 않기에 식물이에요.

하지만 식물과 동물의 가장 큰 차이는 스스로 영양분을 만드는지 아닌지에 있지요. 동물은 스스로 영양분을 만들지 못해 다른 생물에 의존해서 살아가고 있어요. 다른 동물을 사냥하지 않고 들판에서 가만히 풀만 먹고 있는 양과 소도, 풀이라는 다른 생물을 먹고 살고 있죠.

한편 식물들은 햇빛을 이용해서 이산화탄소와 물로부터 스스로 영양분을 만들어 살아요. 이것을 '광합성'이라 해요.

그럼 산호가 식물인지 동물인지 판단하려면, 스스로 영양분을 만드는지 못 만드는지 알아보면 되겠지요?

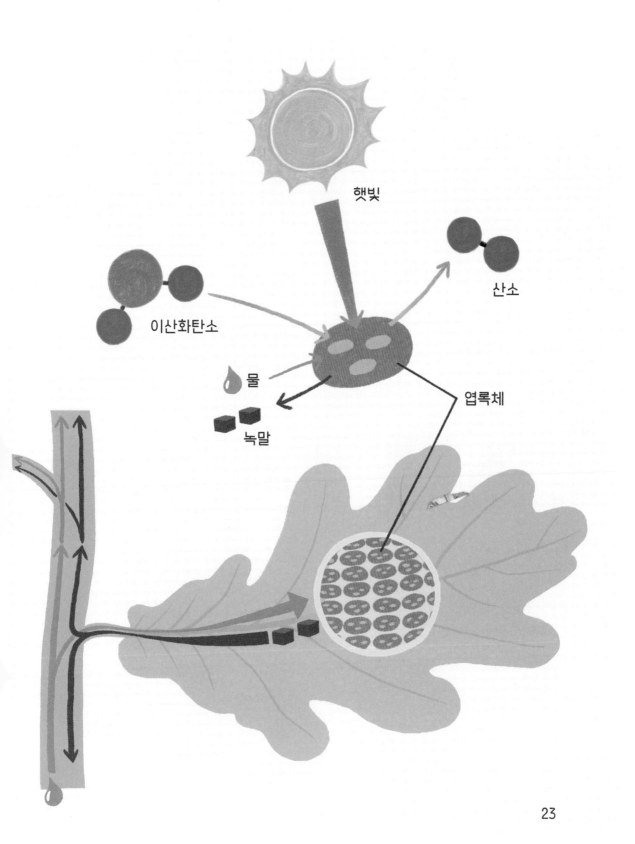

햇빛

이산화탄소

산소

물

녹말

엽록체

먼저 산호를 자세히 들여다봐요. 단단한 뼈대를 가진 산호도 뼈대가 없는 연산호도 산호는 모두 연한 작은 몸인 '폴립'이 모여 구성되어 있어요. 이 폴립 하나가 한 마리예요. 그러니 산호에는 1센티미터 이하의 작은 생물이 돌로 된 한집에서 혼자 살고 있다고 생각하면 돼요.

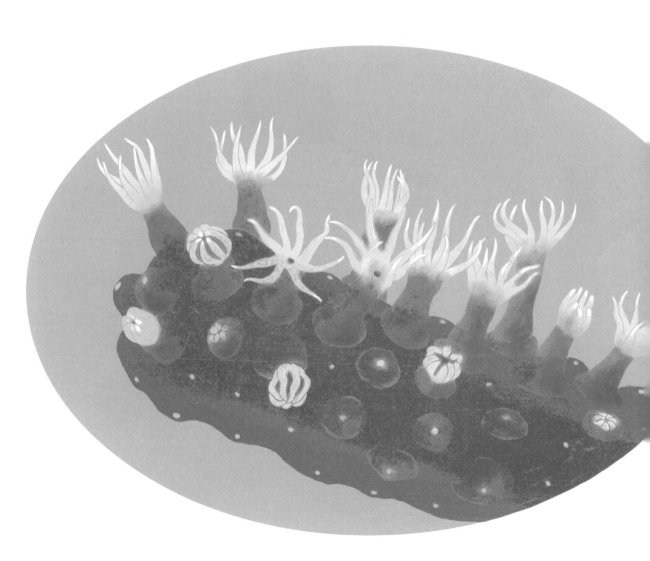

산호초를 만드는 돌산호들은 폴립이 많이 모인 '군체(群體)'를 이루고 집단생활을 하고 있어요. 군체 속에는 10만 개 이상의 폴립이 모이고 지름이 수 미터가 되는 것도 드물지 않아요. 군체 폴립은 서로 몸이 이어져 있죠. 마치 작은 생물이 돌로 만들어진 아파트에서 다 같이 살고 있다고 생각하면 돼요.

하나하나의 폴립은 몸 가운데가 구멍 있는 고무 튜브를 닮았어요. 이 구멍이 폴립의 입이고, 그 둘레에는 촉수란 팔이 있는데, 이 촉수 끝에는 쏘기 세포인 작은 독침(자포)이 있습니다.

먹이가 촉수 끝에 닿으면 독침을 발사해서 먹이를 마비시킨 다음, 촉수로 휘감아 입으로 옮겨 삼켜요. 삼킨 먹이를 위에서 녹여 영양분은 흡수하고 찌꺼기는 다시 입을 통해서 내뱉지요.

수많은 폴립으로 이루어진 군체는 서로 연결되어 있으니 폴립 한 마리가 잡은 먹이를 나눠 먹기도 해요.

이제 알았죠? 산호는 다른 생물을 먹는 '동물'이에요. 산호의 이런 먹이 먹는 방법 등은 말미잘이나 해파리와 비슷하답니다. 해파리를 거꾸로 뒤집어서 보면 영락없이 말미잘과 같잖아요. 몸이 부드럽고 자포가 들어 있는 촉수를 가진 이런 동물들을 자포동물로 분류하는데, 산호와 이들은 사촌 관계에 있어요.

산호를 아주 간단하게 설명한다면 작은 말미잘이 돌 모양 컵에 들어 있는 것처럼 생각하면 됩니다.

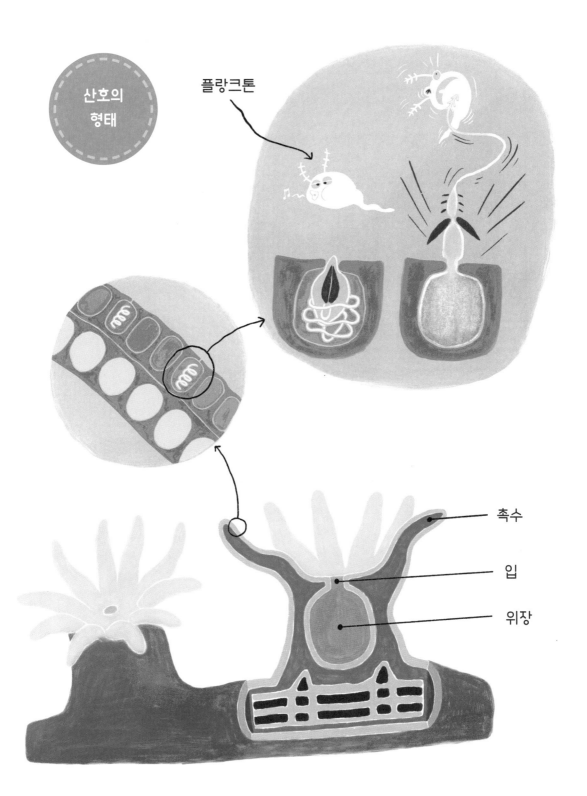

산호의 형태

플랑크톤

촉수

입

위장

동물인데도 식물 같은 산호

산호는 엄연한 동물이에요. 그런데 동물인데도 산호 중에는 식물 같은 성격을 가지는 것도 있답니다. 그러니까 산호가 식물처럼 자기 스스로 영양분을 만드는 거예요.

아니, 모든 산호가 스스로 영양분을 만드는 건 아니에요. 산호 중에도 산호초를 만드는 돌산호들만 만들지요.

그런데 이들은 동물인데도 어떻게 광합성을 할 수 있을까요?

사실 산호 자체가 광합성을 하는 게 아니라 산호 세포 속에 사는 '황록공생조류(갈충조)'란 조류(식물 플랑크톤)가 광합성을 해 영양분을 만들어, 약 90%나 되는 대부분의 영양분을 산호한테 주고 있는 거예요. 산호 몸속에 사는 갈충조는 한 종류가 아니에요.

갈충조는 지름이 0.01밀리미터밖에 안 되는 작은 식물 플랑크톤(부유 생물)이에요. 갈충조는 식물이기에 햇빛을 받아 이산화탄소와 물로부터 영양분을 만들어요.

한편 산호는 갈충조에게 안전한 보금자리를 마련해 주지요.

종류가 다른 생물이 서로 돕고 더불어 살아가는 것을 '공생'이라 하는
데, 산호초를 만드는 돌산호 종류들과 갈충조는 공생하고 있는 거예요.

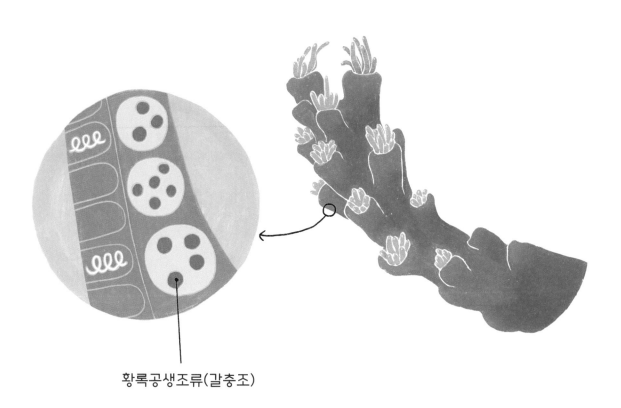

황록공생조류(갈충조)

산호는 바닷물 속에 있는 재료를 사용해 탄산칼슘을 만들고, 이 탄산칼슘은 석회질의 뼈대를 구성해요. 이 과정을 갈충조가 공급하는 영양분이 촉진한답니다.

산호는 낮에는 갈충조가 광합성을 해 얻은 영양분을 받고, 밤에는 촉수로 동물 플랑크톤을 잡아먹고 있어요.

산호가 밤에 사냥하는 것은 낮에는 산호의 촉수를 먹는 나비고기 같은 물고기들로부터의 공격을 피하기 위해서며, 산호가 즐겨 먹는 동물 플랑크톤 역시 물고기를 피해서 밤에 활동하기 때문이에요.

이렇게 산호는 이중으로 영양분을 얻으니 단단한 뼈대와 충분한 점액을 만들 수 있답니다.

산호초가 만들어지는 조건

앞에서 산호초가 형성되자면 산호초를 만드는 산호들이 좋아하는 조건과 환경이 마련되어야 한다고 말했죠?

산호초가 만들어지는 조건을 정리하면 다음과 같아요.

① 바다 수심이 40미터보다 얕아야 해요.

② 바닷물이 탁하지 않고 투명하고 깨끗해야 해요.

③ 바다 수온이 18~30도 이내여야 해요.

사실, 이 조건들은 산호 자체가 잘 살기 위한 조건이라기보다는 산호 속에 사는 갈충조가 잘 살기 위한 조건이에요.

만약 갈충조가 광합성을 하지 못하면 산호는 어떻게 될까요? 충분한 영양분을 받지 못해 뼈대와 점액을 만들 수 없게 됩니다. 뼈대를 만들지 못하면 산호초도 만들 수 없죠. 그만큼 갈충조는 산호에게 매우 중요한 존재랍니다!

❶ 40m

❷ 깨끗한 물

❸ 18°~30°

산호초는 어디에 있을까?

산호초는 세계의 어디에 있을까요? 여러분은 이제 쉽게 답할 수 있겠죠? 맞아요. 갈충조가 살기 쉬운 바다랍니다.

어, 하나 놓칠 뻔했어요. 많은 산호가 갈색이나 녹색으로 보이는 것도 갈충조의 색이 내비쳐서랍니다. 갈충조는 진한 갈색부터 황록색까지 다소 색깔의 차이가 있고, 건강한 갈충조와 공생할수록 산호의 색은 진해지지요.

같은 산호라도 군체 모양은 천차만별이에요. 가지(뿔) 같은 모양을 한 것, 둥글둥글한 덩어리 모양을 한 것, 책상 같은 모양을 한 것 등 사는 환경에 따라 아주 다양합니다.

그 이유도 역시 갈충조 때문이에요. 갈충조가 많은 영양분을 만들어 주면 만들어 줄수록 산호에겐 좋겠지요? 갈충조가 영양분을 잘 만들자면 햇빛을 더 많이 받아야 하는데, 산호들은 햇빛을 더 잘 받으려고 자기 모양을 바꾸는 거예요.

또한 파도에 의해 부서지지 않도록 하는 것도 그 이유랍니다.

대규모 산호초는 태평양, 대서양, 인도양 등의 적도에 가까운 열대, 아열대의 따뜻한 바다 섬들의 주변에 펼쳐져 있어요.

그렇다고 해서 따뜻하면 어디라도 다 산호초가 형성되는 건 아니에요. 열대 지역에서는 하루에 몇 차례나 소나기가 쏟아지니 주변 바다는 육지에서 흘려내려 온 흙탕물로 탁해집니다. 이런 바다에서는 갈충조가 제대로 광합성을 하지 못하니 산호초는 형성되지 않아요.

그래서 대륙 멀리 떨어진 바다 섬들의 주변에서 산호초는 잘 발달해요. 모든 건 다 갈충조 때문이라는 것, 이제 알겠지요!

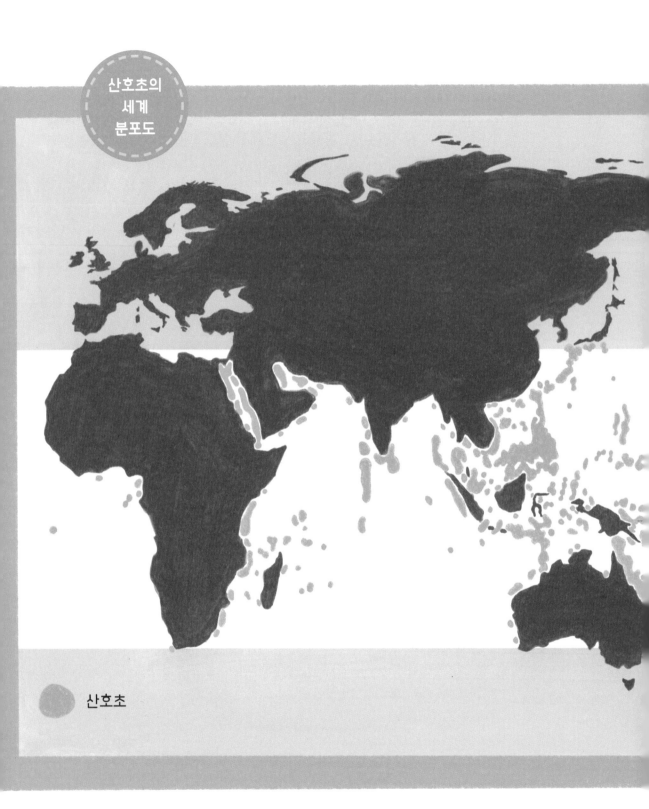

산호초의
세계
분포도

산호초

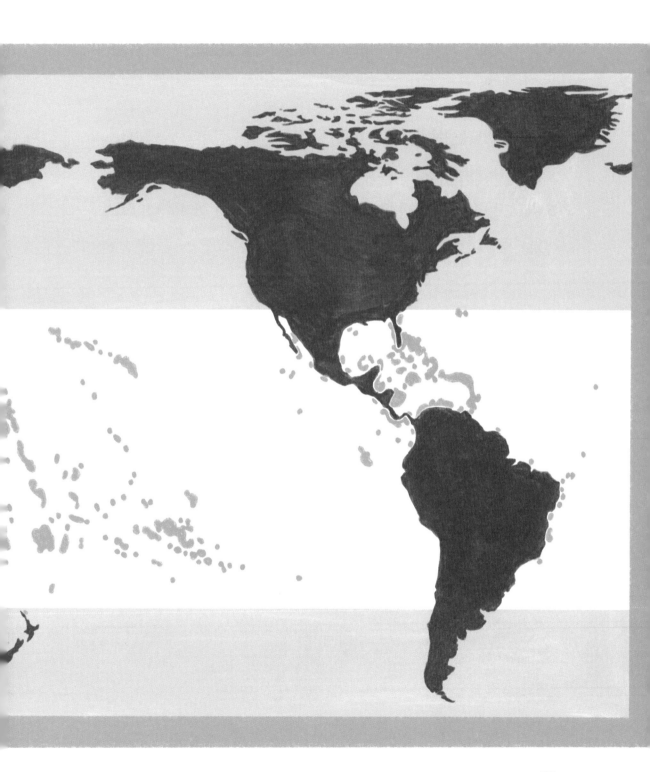

3. 서로 도우며 살아가는 산호초 생물들

산호초 바다는 '살기 어려운 바다?'

산호초 바다는 바다 생물의 4분의 1이 모여 사는 중요한 곳이라 했죠?

그런데도 '바다의 사막'이라 불릴 만큼 '동물들이 살기 어려운 바다'로도

알려져 있어요. 그 수수께끼 같은 이유는 뭘까요?

바닷속
먹이 사슬

산호초가 잘 자라려면 앞에서 말했듯이 바다의 수온과 수심, 탁하지 않은 맑고 깨끗한 물, 이렇게 세 가지 조건이 필요해요. 이때 탁하지 않은 투명한 바닷물을 물고기의 처지에서 볼까요?

작은 물고기는 중간 크기의 물고기한테 먹히고, 중간 크기 물고기는 다시 큰 물고기한테 먹혀요. 이렇게 생태계에서 먹고 먹히는 관계를 '먹이 사슬'이라고 합니다.

먹이 사슬에서 가장 기초가 되는 것은 식물 플랑크톤이에요. 이 식물 플랑크톤을 먹고 동물 플랑크톤이 불어나면, 그 동물 플랑크톤을 작은 물고기나 다른 동물들이 먹고 자라요. 또 작은 물고기를 먹기 위해 더욱 큰 물고기가 모여들지요. 이렇게 바다의 먹이 사슬이 복잡하게 형성되어 갑니다.

그런데 투명한 바다는 맑은 대신, 이 먹이 사슬의 기초가 되는 식물 플랑크톤이 자라는 데 꼭 필요한 질소, 인, 철 등의 영양분이 적은 바다예요. 따라서 식물 플랑크톤이 잘 자라지 않아 양이 적어요.

식물 플랑크톤이 잘 자라지 않는다면 당연히 그것을 먹는 동물 플랑크톤도 불어나지 않고, 결국 바다에 사는 동물이 먹는 먹이가 적어지지요. 그래서 산호초가 살기 좋은 투명한 바다는 '동물들이 살기 어려운 바다'인 거예요.

하지만 그와 달리 많은 생물이 산호초 바다로 모여들고 있어요. 그 까닭은 무엇일까요? 그 수수께끼를 푸는 열쇠 역시, 갈충조입니다!

산호는 갈충조가 만들어낸 영양분을 자기의 몸을 만들거나 성장에 쓸 뿐만 아니라, 그 절반을 점액을 만드는 데 써요.

산호의 몸에는 항상 티끌이 내려와요. 바닷물에는 미세한 모래 입자가 상당히 포함되어 있어서 그것이 내려 쌓이는 거예요. 티끌이 쌓이면 태양 빛이 몸속에까지 들어가기가 어려워지니 갈충조의 광합성에 지장을 주죠.

그래서 산호는 점액의 막으로 몸을 덮다가 티끌이 쌓이면 낡은 점액을 떼어내어서 다시 새로운 점액을 덮어요.

또한 점액은 몸을 보호하는 역할도 해요. 썰물이 되어 몸이 해수면 밖으로 나가도 건조해지지 않게 점액이 지키며, 수온이 내려갔을 때도 점액이 몸을 보호해 줍니다.

점액샤워

그런데 산호가 쓰다가 내버린 이 점액이 바로 산호초에 사는 생물의 중요한 먹이가 됩니다.

산호가 내버린 점액의 절반 이상이 얼른 바닷물에 녹아 박테리아가 그걸 먹고 불어나요. 그러면 박테리아를 먹이로 하는 동물 플랑크톤이 찾아오고, 그 동물 플랑크톤을 먹자고 물고기들이 몰려오지요. 녹지 않은 점액은 바닥에 가라앉아 바닥에 사는 동물의 먹이가 되기도 하고요.

이처럼 산호의 점액이 바닷속 생물과 바다 바닥에 사는 생물을 모두 기르는 셈이니, 산호초 바다는 맑고 투명해 식물 플랑크톤이 적어도 다양한 생물이 모여드는 겁니다.

그렇다면 산호초 바다는 먹이가 적은 '사막' 같은 바다지만, 산호에 의해 마치 사막의 오아시스처럼 풍요로운 바다로 바뀌는 거네요!

산호를 지키는 산호게

산호의 점액을 즐겨 먹는 대표 동물은 산호게입니다. 산호게는 산호에게서 영양분을 받는 대신에 은혜를 갚아요. 산호와 산호게의 공생 관계를 살펴볼까요.

산호게는 산호의 가지(뿔) 사이에서 흔하게 볼 수 있는 등딱지 1.5센티미터 정도의 아주 작은 게입니다. 암수 한 쌍이 산호의 일정한 마당을 세력권으로 해서 생활하고 있어요. 작은 산호에서는 한 쌍이지만, 큰 산호에는 여러 쌍이 살아요.

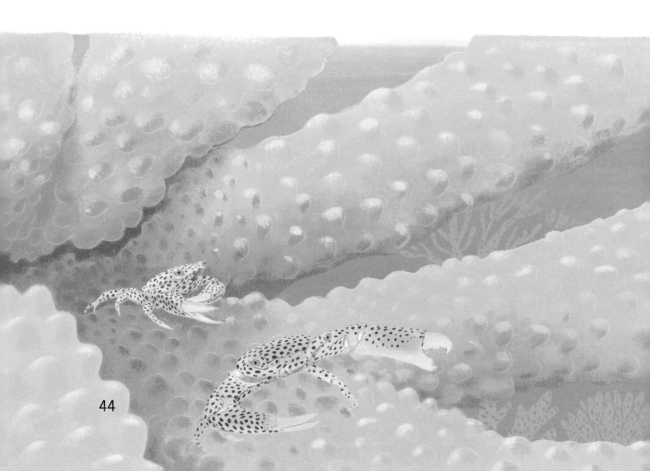

산호게는 다리를 산호의 폴립 속에 집어넣고 산호가 몸을 지키기 위해 만든 점액을 문질러서 먹고 살아요. 산호게에 있어서 산호는 터전이면서도 동시에 먹이도 얻을 수 있는 아주 중요한 친구이지요.

그런데 산호는 점액을 그저 공짜로 주는 건 아니에요. 먹이를 주는 대신 자신을 적에게서 지켜 주니 점액을 주는 거지요. 그 적이란 산호의 가장 강력한 적인 넓적다리불가사리예요.

넓적다리불가사리는 지름이 30센티미터 이상이 되고 온몸에 날카로운 가시가 나 있는 불가사리예요. 산호를 덮어서 몸 중앙에 있는 입에서 위를 밖으로 내밀어, 소화액으로 산호의 폴립을 녹여 먹어 치우죠.

산호가 아무리 단단한 뼈대로 몸을 지키려 해도 소화액이라 하는 '화학 무기'에는 잠시도 버티지 못해요.

먹이를 주는 중요한 친구가 먹히면 자기도 못 사는 걸 잘 아는 산호게는 넓적다리불가사리와 용감하게 싸워요. 그런데 그 작은 몸으로 어떻게 몸집이 엄청나게 큰 넓적다리불가사리를 물리칠까요?

넓적다리불가사리가 산호를 덮으면 산호게는 당장 다가가 양 집게를 열어서 협박해요. 그러고는 집게로 밀어 되돌리거나 넓적다리불가사리 가시를 집게로 집어서 흔들지요.

그래도 물러서지 않으면 집게로 가시를 잘라 버려요. 산호게는 작은 몸에 어울리지 않는 유난히 큰 집게를 가지고 있거든요. 또한 집게 집는 부분이 칼처럼 아주 예리해요. 넓적다리불가사리는 가시 하나만 잘려도 금방 도망간답니다.

산호게가 넓적다리불가사리와 치열하게 싸우는 데는 나름의 이유가 있어요. 왜냐하면, 거의 모든 산호에게는 산호게가 살고 있거든요. 그러므로 다른 산호로 이사 가려 해도 내쫓기기 마련이죠. 아직 산호게가 없는 산호를 찾으러 가려 해도 도중에 물고기한테 먹힐 위험이 있고요.

산호게는 지금 자기가 사는 산호가 먹히면 자기도 살아남을 수 없는 걸 잘 알고 있어서 작은 몸이지만 용감하게 끝까지 싸우는 거예요.

산호게처럼 산호초에서 살면서 넓적다리불가사리와 싸우는 다른 동물에는 자리돔이 잘 알려져 있습니다.

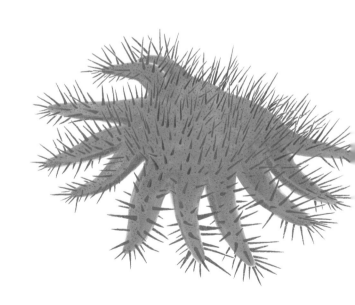

48

말미잘과 흰동가리

산호초에는 여러 생물이 살지만, 말미잘 역시 산호초를 대표하는 동물이에요. 산호초에서 만나는 말미잘 속에는 지름 30~50센티미터, 때로는 1미터를 넘는 큰 것들이 있으며 큰 말미잘에는 반드시 흰동가리 종류가 살고 있어요.

말미잘은 연하고 긴 촉수가 흔들흔들 흔들려서 마치 꽃처럼 보이지만, 산호와 마찬가지로 독침을 가진 동물이에요.

놀라지 말아요! 산호초의 말미잘 역시 몸 안에 갈충조가 함께 살고 있어서 광합성을 해 얻은 영양분을 말미잘에게 주고 있어요.

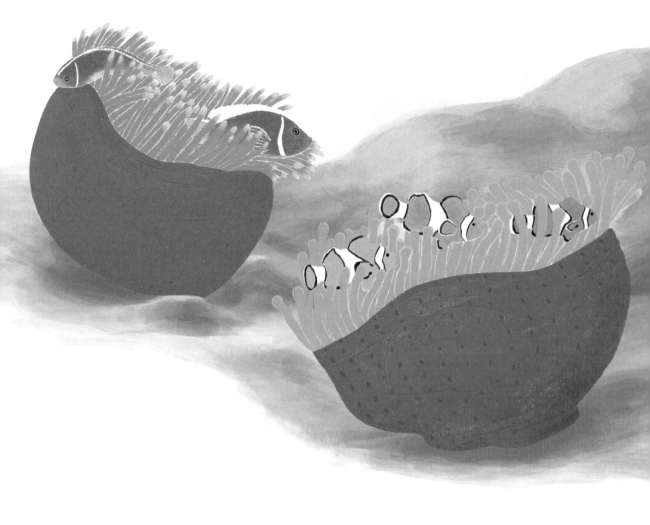

　보통 물고기들은 말미잘의 독침에 쏘이는 게 무서워서 촉수 속으로는 안 들어와요. 하지만 흰동가리는 말미잘의 독침을 발사시키지 않는 특수한 점액으로 몸이 덮여 있어서 촉수에 들어가도 괜찮아요.

　흰동가리 종류는 세상에 28종 정도 있답니다. 말미잘은 종류마다 독의 성분도 달라지기에 각 흰동가리는 그것에 맞게 독침에 안 쏘이는 말미잘을 골라서 같이 살고 있어요.

흰동가리는 사실 잘 헤엄치지 않아요. 자기보다 몸집이 큰 물고기의 먹이가 되는 위험이 있어서 적이 오면 얼른 말미잘 촉수 속에 숨어 버리죠.

한편 말미잘은 독을 아랑곳하지 않고 자신을 먹으러 오는 물고기를 흰동가리가 물리쳐 주어서 좋아요.

또 흰동가리가 먹다가 남은 먹이나 똥이 말미잘의 먹이가 되며, 촉수에 붙은 쓰레기 등 불필요한 것들을 흰동가리가 청소해 줍니다. 말미잘과 흰동가리도 서로 도우며 같이 사는 거예요. 이런 관계가 공생입니다.

그래서 산호초의 말미잘은 자기를 겨누는 적들에게 신경 쓰지 않아도 되기에, 마음껏 촉수를 늘여서 몸 안에 사는 갈충조에게 광합성을 시켜주고 양분을 받는 거랍니다.

산호초는 안전한 은신처

가시나 단단한 껍데기, 독 등 자기 몸을 지키는 수단이 따로 없는 생물들이나 빨리 헤엄치지 못하는 물고기들은 대부분 천적에 들키지 않도록 자기 몸 색깔이나 모양을 주변 자연환경과 닮게 해요.

당연히 산호초에 사는 생물도 산호의 모양을 흉내 내면서 자신을 숨기지요. 하지만 그건 단지 사냥꾼에게 자신을 숨기기만 하는 게 아니라, 먹이를 유인하는 것이기도 합니다.

쑤기미나 쏨뱅이 종류들은 자기 몸을 산호초에 숨기는 것과 동시에 먹이가 되는 생물이 안심해서 다가오는 것을 기다리고 있답니다.

해조가 생긴 곳에는 자기 색깔과 닮은 해조를 찾아서 그 근처에 살짝 몸을 숨기는 것들도 많이 있고, 숨을 데가 없어 보이는 모래땅에도 모래 닮은 몸빛으로 숨는 넙치 종류들이나 가오리처럼 모래 땅속에 들어가 눈만 내어서 숨는 것들이 있어요.

산호의 가지(뿔)는 작은 물고기들이 큰 물고기한테 습격당하지 않게 해 주는 '은신처' 역할을 하니 물고기들이 적극적으로 이용해요. 그중에는 어릴 때만 산호에 몸을 숨기고, 크면 산호를 떠나는 것들도 있어요.

산호초에서 볼 수 있는 생물들은 낮과 밤이 뚜렷이 달라요. 해가 지면 낮에 활동하던 생물들은 은신처로 들어가고, 대신 야행성 생물들이 은신처에서 나가 먹이 활동을 해요. 산호도 밤에 촉수를 늘이고 활발하게 먹이 사냥하는 야행성 동물이지요.

이렇듯 산호초에는 유리망둑처럼 작은 생물들이 모이고, 그런 작은 물고기를 잡으려고 전갱이 종류들이 찾아오고, 또 그런 물고기를 먹으려고 상어처럼 큰 물고기가 찾아오는 듯 다양한 생물이 모이는 거예요.

산호초는 여러 생물이 자기 몸을 숨기는 은신처로 이용할 수 있는 복잡한 공간이 있어서 또한 풍요로운 거랍니다.

산호의 적은 산호

아름다운 산호초는 평화롭고 화창한 낙원으로 보이지만, 거기에 사는 생물들은 격렬한 생존 경쟁을 하고 있어요. 산호 자체도 살아남기 위해 싸우고 있지요. 뜻밖으로 느껴질 수 있지만, 산호의 적은 바로 산호랍니다.

산호초가 잘 자라는 데는 좋아하는 조건과 환경이 있다는 이야기는 거듭했죠? 그런 좋은 곳은 어디에도 있는 게 아니어서 성장하기 쉬운 마당은 벌써 다른 산호가 대부분 차지하고 있지요.

그래서 산호초를 만드는 산호들은 매일 밤이 되면 이웃 산호를 공격해요. 자라기 쉬운 좋은 곳을 훔치고 자기 영토로 만들려고 서로 싸우는 거예요. 산호 촉수에는 독침이 있으니, 독을 쏴 상대를 죽이려는 거죠.

돌산호 종류들은 이웃과 접한 부분의 촉수만을 특별히 길게, 더 독을 세게 한 '스위퍼(sweeper, 청소부) 촉수'로 변화시켜요. 보통 5밀리미터 정도의 촉수가 10센티미터 이상 길이가 되는 때도 있다니 놀랍죠? 그러고는 이 긴 촉수로 이웃 산호를 죽이려고 하지요. 무섭지 않나요?

직접 독으로 싸우는 것뿐만 아니라 햇빛을 얻는 경쟁 또한 치열해요. 성장이 빠른 산호는 남보다 먼저 위로 성장해서 햇빛을 독차지하려고 하죠. 성장이 늦은 산호는 그늘에 가려 빛을 제대로 받지 못해 자라지 못하고 결국 죽고 만답니다.

이렇게 산호는 다른 산호와 싸우지만, 한 산호가 다 이겨 버리는 일은 없어요. 자연은 균형이 잘 잡혀 있기 때문이에요.

산호를 먹고 사는 생물

산호초에는 산호를 먹어 치우는 생물도 찾아와요. 산호의 폴립을 소화액으로 녹여서 먹는 넓적다리 불가사리처럼 말이죠.

나비고기는 나비처럼 무늬와 빛깔이 아름답지만, 그중에는 산호의 폴립을 먹는 종류도 많아요. 비늘돔이나 복어 속에는 단단한 이빨로 산호의 뼈대를 으드득으드득 갉아 먹는 종류도 많이 있어요.

해면동물이나 조개, 성게의 종류, 성구동물(별벌레) 등은 산호의 뼈대에 구멍을 뚫어서 집으로 삼기도 하지요.

산호는 동물이기에 알을 낳아요. 오스트레일리아 대륙의 서쪽에는 '닝갈루 리프'로 불리는 세상에서 두 번째로 큰 산호초가 있는데, 매해 3~4월이 되면 산호가 산란해요. 이 알을 먹으려고 많은 고래상어가 사방에서 몰려와요.

고래상어는 몸길이가 14미터나 되는 세상에서 가장 큰 물고기이지만,
날카로운 이빨은 없고 수염고래처럼 플랑크톤을 먹고 사는 온순한 상어입
니다.

이처럼 산호의 폴립, 점액, 뼈대, 알까지 산호를 먹고 사는 생물은 아주 많아요. 그런데도 산호가 사라지지 않는 까닭은 무엇일까요?

산호의 천적으로 악명 높은 넓적다리불가사리는 산호를 먹지만, 이들이 즐겨 먹는 것은 성장이 빠른 산호며, 그 덕분에 성장이 늦은 산호는 햇빛을 받을 수 있는 마당이 생겨서 좋아요. 산호를 먹는다고 모든 게 나쁜 건 아닌 거예요.

넓적다리불가사리는 어린 유생 시기에는 산호한테 먹히고 다 자란 넓적다리불가사리는 다시 나팔고둥에 먹힙니다.

이렇게 먹고 먹히니 산호초가 건강하고 거기서 사는 생물의 균형이 잘 잡혀 있다면 산호가 먹혀도 산호초 자체에는 큰 영향은 없어요. 산호가 사라질 위기에 놓인 것은 산호초의 건강과 이 균형을 깨뜨리는 인간 때문이에요. 슬픈 일이지만, 산호와 산호초의 최악의 적은 바로 우리 인간입니다!

4. 멸종 위기에 놓인 산호와 산호초

산호의 색이 사라지는 '백화 현상'

최근 산호초에 심각한 위기가 발생했어요. '세계 자연 기금(WWF)'의 보고서에 따르면, 이대로라면 2050년에는 산호초가 멸종할 수도 있다고 해요.

산호가 떼죽음 당하는 현장에서 볼 수 있는 게 바로 산호가 하얗게 되어 버리는 '백화 현상'이에요. 어째서 산호가 하얗게 되어 버렸을까요?

산호의 빛깔은 갈충조의 빛깔이라 한 것 기억하나요? 산호 몸에서 공생하고 있던 갈충조가 산호 몸에서 없어져 산호의 투명한 살 밑에 있는 하얀 뼈대가 내보여 하얗게 보이는 거예요.

백화 현상의 구체적인 이유는 아직 다 밝혀진 건 아니지만, 다음과 같은 설이 지지를 받고 있어요.

산호와 공생하는 갈충조는 강한 빛, 높은 수온, 희박한 염분 등의 스트레스를 받으면 이상이 생깁니다. 그러면 해로운 물질을 내보내게 돼요.

이 해로운 물질은 산호에게 심한 손상을 주니, 산호는 할 수 없이 갈충조를 소화하거나 몸 밖으로 내보내게 됩니다. 산호의 백화 현상은 산호가 살아남기 위해 취한 방어책이라 생각하면 돼요.

산호에게 공생하는 갈충조가 얼마나 중요한지는 여러분도 잘 알고 있죠? 갈충조는 광합성을 해서 얻은 영양분의 약 90%를 산호에게 줍니다. 그 중요한 친구를 스스로 먹거나 떠나보내야 한다니, 얼마나 슬프겠어요!

갈충조에게서 영양분을 받지 못하는 산호는 스스로 먹이를 잡아서 사는데, 그것으로 살아가기에는 부족해요. 영양 부족인 산호는 오래 버티지 못해요. 갈충조와 다시 같이 살지 않으면 산호는 결국 죽고 말지요.

산호의 백화 현상은 과거에도 여러 번 있었지만, 2016년에 세계 각지에서 일어난 최대 규모 백화 현상은 우리에게 큰 충격을 주었습니다.

특히 세계 최대의 산호초인 대보초의 백화 현상은 과거에 예가 없을 만큼의 규모로 확대해 한때는 북부의 산호 90%가 백화되었다고 해요.

몇 달 뒤 갈충조가 간신히 정상화되기는 했으나, 죽어 버린 산호도 많이 있었다고 합니다.

학자들은 대보초의 아름다운 경관이 되돌아오는 데 10년은 걸릴 것이라고 해요. 그것도 산호가 회복되는 조건이 마련되었을 때 말이죠.

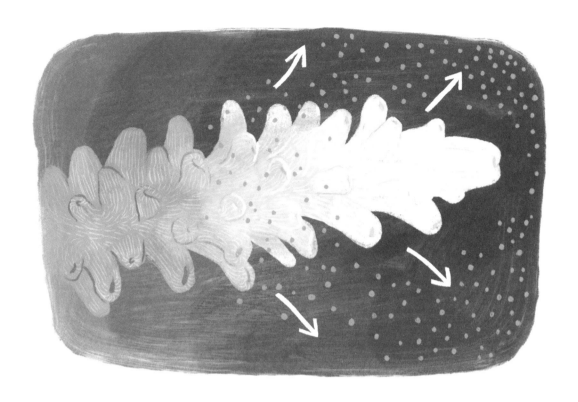

2016년 세계 각지에서 일어난 최대 대규모 백화 현상의 원인으로는 높은 바다 수온을 꼽고 있어요. 바다 수온이 30도를 웃돌아서 산호 몸속에서 살던 갈충조에게 이상이 생기고 더는 산호와 같이 살 수 없게 되었습니다. 수온의 상승은 산호에게 있어서 사느냐 죽느냐의 절박한 문제인 거예요.

갈충조가 없어지는 건 산호만이 아니에요. 산호초 말미잘에도 갈충조가 사는데, 말미잘 역시 백화되었습니다.

온난화와 산성화

바다 수온이 높아지는 까닭은 지구 자체가 '온난화' 되어서예요. 태양에 의해 따뜻하게 데워진 지구 열의 일부는 우주로 도망가지만, 많은 열이 나가 버리면 지구가 너무 차가워지지요. 그걸 막아 주는 게 이산화탄소 같은 '온실가스'예요. 이 가스가 벽 같은 역할을 해서 지구는 적정 온도가 유지됩니다.

그런데 이산화탄소 등이 너무 불어나면서 지구가 필요 이상 따뜻해지고 있어요. 이런 온난화를 발생하는 온실가스는 인간이 석유, 석탄 등의 화석 연료를 많이 사용하면서 늘어났죠. 인간의 지나친 경제 활동과 자연

파괴가 지구를 뜨겁게 만들고 있는 거예요.

바다는 공기 속에 있는 이산화탄소의 약 4분의 1을 흡수하고 있답니다. 산호와 공생하는 갈충조가 광합성을 통해 이산화탄소를 흡수해서 많은 산소를 만들고 있지요. 이게 바로 산호초가 '바다의 열대 우림'이라고 불리는 또 하나의 이유입니다.

그런데 벌써 바다의 처리 능력을 훨씬 넘는 과다한 이산화탄소가 녹아 있어서 바닷물에 '산성화'란 이상 현상도 발생하고 있어요.

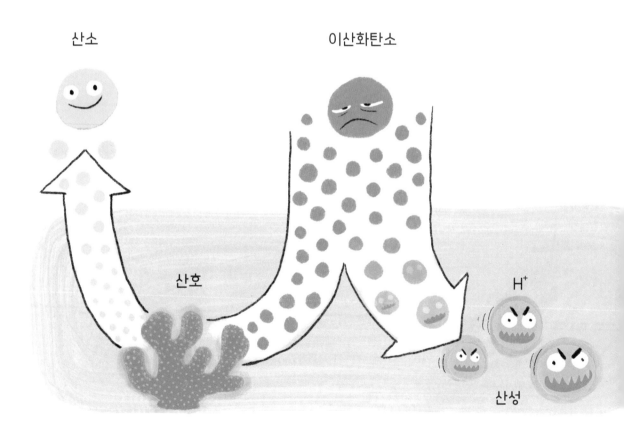

산소

이산화탄소

산호

H⁺

산성

요리에 쓰는 식초를 핥으면 신맛이 나지요. 그건 초산이란 물질이 녹아 있어서 그래요. 레몬즙이 신맛이 나는 것도 구연산(레몬산)이란 물질이 녹아 있기 때문이에요. 이런 수용액을 '산성'이라 해요. 대기 중의 이산화탄소는 물에 녹으면 산성이 돼요.

운동장에 흰 줄을 긋는데 쓰는 하얀 가루, 생석회가 물에 녹으면 손이 미끌미끌해져요. 이런 수용액은 '알칼리성'이에요. 원래 바닷물은 약간의 알칼리성이지요.

이처럼 물질을 물에 녹이면, 그 물질의 성질에 따라 산성, 알칼리성으로 나뉘어요. 우리가 마시거나 요리에 쓰는 물은 산성도 알칼리성도 아닌 '중성'이에요.

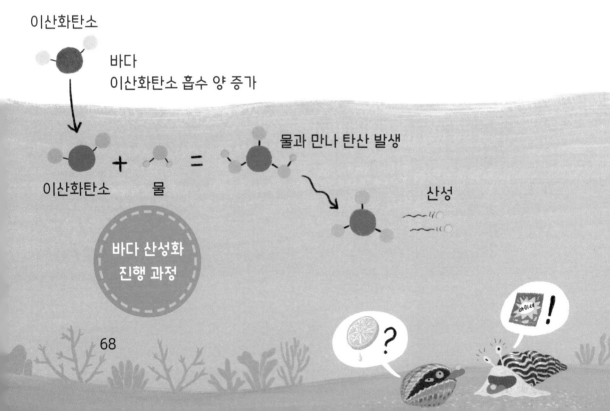

이산화탄소

바다
이산화탄소 흡수 양 증가

물과 만나 탄산 발생

이산화탄소 + 물 = 산성

바다 산성화
진행 과정

그런데 바다의 처리 능력을 넘는 이산화탄소가 바닷물에 녹으면 바닷물의 알칼리성이 약해지고 점차 중성에 가까워져요. 이것을 '바닷물의 산성화'라고 해요. 바다에 사는 조개나 성게 껍데기는 탄산칼슘으로 이루어져 있어요. 하지만 바닷물이 산성화되면 껍데기를 만드는 이 재료가 줄어들어 껍데기를 만들기 어렵게 돼요. 미국에서는 2005년쯤에서 서해안의 양식 굴 유생의 떼죽음이 거듭 보고되었는데, 바다의 산성화가 그 원인으로 손꼽히고 있습니다.

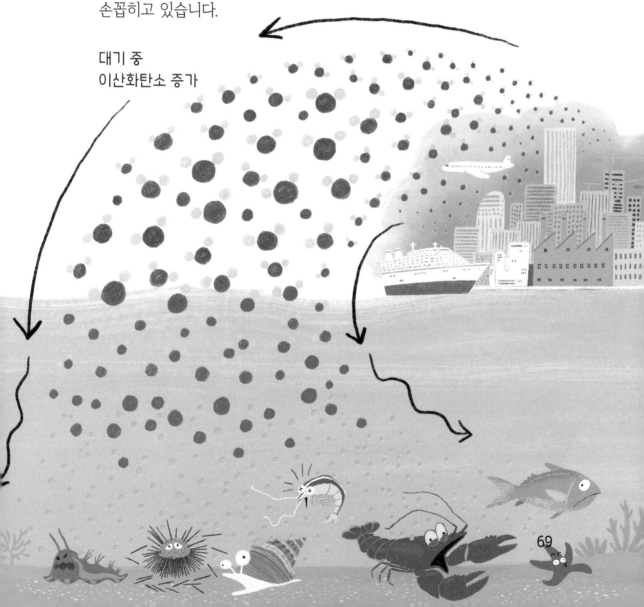

대기 중
이산화탄소 증가

중추 신경계 이상으로 물고기들이 방향 감각을 잃게 되거나 어패류가 녹는 현상 등도 바다의 산성화 때문이에요.

당연히 바다의 산성화는 산호에게도 심각한 영향을 줘요. 산호 역시 뼈대가 탄산칼슘으로 되어 있거든요!

산호초를 만드는 산호는 온도의 영향에 민감해요. '온난화'로 수온이 높은 남쪽의 따뜻한 바다에서는 이제 못 살게 될지 몰라요. 그런데 수온이 낮은 바다일수록 '산성화' 영향을 심하게 받는다고 하니 북쪽 바다에서도 못 살게 되겠네요.

산호초는 '온난화'와 '산성화' 때문에 어느 바다에서도 살 수 없는 위기에 놓이고 말았습니다.

우리나라 동해는 전 세계 바다 평균보다 산성화가 두 배나 빠르게 진행되고 있다는 연구 결과가 발표되기도 했어요. 미국을 비롯해 세계 여러 나라는 이미 바다 산성화의 심각성을 깨닫고 관련 법을 만들고, 시행하고 있다고 하니, 우리도 더 늦기 전에 서둘러 대책을 준비해야 하지 않을까요?

흙과 미세 플라스틱

산호의 백화 현상은 바닷가의 매립 등 해안의 개발에 의해서도 일어나요. 사람들은 아름다운 산호를 즐기려고 바닷가를 개발해서 도로나 호텔을 만들어요. 산호초는 육지에서 멀리 떨어진 곳에 있으니 아무 영향이 없다고 맹그로브 숲의 나무를 마구 베어 버린답니다. 그런데 그건 산호초에 큰 영향을 줘요.

바닷가에 자라는 맹그로브 나무들은 바다에 흙이 들어가는 것을 막아 주거든요. 그런 곳에 큰비가 오면 대량의 흙탕물이 산호초가 있는 바다로 흘러내리게 돼요. 그러면 바다가 탁해지고 산호초가 흙으로 덮여 버리는 거예요. 그렇게 되면 갈충조가 충분한 햇빛을 받지 못해 산호는 약해지고 산호초의 죽음으로 이어집니다.

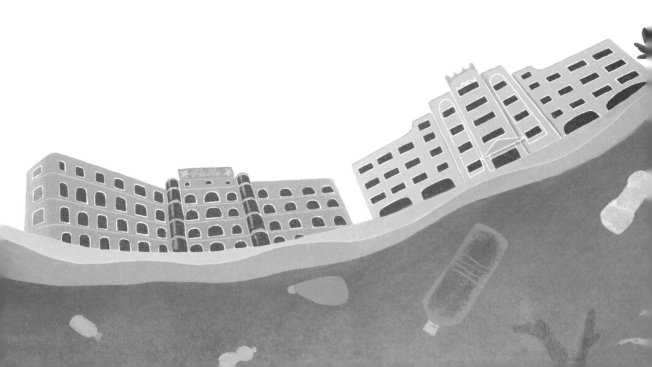

육지에서 흘러온 흙이 밭의 흙이면 질소, 인 등의 영양분이 지나치게 많이 들어오게 돼요. 산호초 바다는 영양분이 적어서 식물 플랑크톤이 적은 바다라 한 것 기억하지요? 갑자기 들어온 많은 영양분 탓으로 적었던 식물 플랑크톤이 폭발적으로 불어나 버려요.

그걸 대환영하는 게 산호의 가장 강력한 적인 넓적다리불가사리예요. 식물 플랑크톤은 이들 유생의 좋은 먹이가 되니까요. 이로써 넓적다리불가사리가 산호초에서 많이 발생하여 산호를 다 먹어 치우는 거지요. 먹힌 산호는 하얗게 변하고요.

플라스틱 바다 쓰레기 또한 산호를 위협하고 있어요. 산호초는 은신처가 되는 복잡한 공간이 있어서 좋은데, 아쉽게도 그 탓으로 플라스틱 쓰레기가 달라붙기도 쉬워요. 보통 산호가 병드는 확률은 4%인데, 플라스틱 쓰레기가 붙은 산호는 89%까지 높아진다는 연구 결과도 있어요.

더욱 심각한 것은 부서져 5밀리미터보다 작게 된 '미세 플라스틱'이에요. '미세'란 아주 작다는 뜻이죠.

모래사장에 떠밀려 오르게 된 플라스틱 쓰레기는 물속보다 강한 햇빛을 오래 받아 부서지기 쉬워요. 그러다가 모래와의 마찰로 작은 파편이 되어서 다시 바다로 나가, 바다 전체로 퍼져가요.

이 미세 플라스틱을 물고기들이 플랑크톤으로 알고 먹어 버리는 게 문제예요. 플라스틱에는 영양분이 하나도 없거든요. 이걸 먹은 물고기는 영양 부족 상태가 되고, 동물이나 인간이 그런 물고기를 먹으면 유해 물질이 몸속으로 들어갈 수 있어요.

산호에게도 마찬가지로 큰 영향을 미쳐요. 최근 일본 학자들은 미세 플라스틱이 어린 산호가 갈충조를 몸에 거두어들이는 걸 방해한다는 충격적인 연구 결과를 발표했어요. 산호초가 풍요한 바다가 되는 건 갈충조가 충분한 영양분을 만들어 주어서죠! 갈충조와 공생하지 못하면 당연히 백화 현상이 일어날 테고요.

학자들은 바다 플라스틱 쓰레기에 관한 대책
을 마련하지 않는다면 2050년에는 바다 플라스
틱 쓰레기의 양이 바다에 사는 물고기의 양을
넘는다고 경고하고 있습니다.

2050년

78

5. 산호초를 지키자!

산호와 더불어 살아온 인간

바닷속 생물들처럼 인간도 오랜 세월에 걸쳐 산호초와 '공생'해 왔어요. 산호초가 있는 나라는 80여 개국이고, 수천만 명이 산호초 지역에서 살고 있어요.

산호초는 그곳에서 사는 사람들에게 물고기, 새우, 게, 조개 등의 풍요로운 먹거리 혜택을 주었지요. 사람이 먹는 물고기의 20~25%가 산호초 부근에서 잡힌다고 해요. 산호초에서 자란 생물이 해류를 따라 우리 바다에도 오고 우리도 그 혜택을 받아왔지요.

산호초는 천연의 방파제이기도 해요. 2004년 12월 인도네시아 부근에서 대지진이 일어났어요. 이 지진으로 인해 큰 쓰나미(지진 해일)가 일어나 인도양 연안의 광범한 지역, 14개국이 피해를 보았고, 28만여 명이 목숨을 잃었습니다.

몰디브공화국도 쓰나미 습격을 당했으나, 나라를 둘러싼 산호초가 파도를 막아 주는 방파제가 되어 준 덕분에 피해는 적었어요. 반면 개발 때문에 산호초가 사라진 지역은 큰 피해를 보았지요. 산호초는 높은 파도에서 해안에 사는 사람들의 생활을 지켜 주는 거예요.

산호초는 그곳에 사는 사람들에게 건축 재료도 제공합니다. 죽은 산호의 바위를 쌓아서 집의 토대로 하거나 센 바람에서 집을 지키기 위한 담장 등으로 이용했어요. 산호의 석회질은 회반죽이 되어서 지붕이나 벽을 굳히는 데 이용되었고, 도자기를 만드는 데도 썼지요.

산호는 진주와 함께 바다에서 나는 보석으로 유명해요. 역사적으로도 가장 일찍 알려진 보석이죠. 사람들은 산호에게 재난이나 아픔을 없애게 하는 효과가 있다고 믿었고, 화석 산호 등을 분말로 해서 약으로 먹었어요. 지금도 건강 보조 식품으로 산호를 먹는 사람이 많아요.

최근 암을 비롯한 난치병의 치료 약이 잇따라 산호초에 사는 동물에서 발견되기도 했답니다.

또한 산호초는 인간의 휴식 공간으로 잘 이용되어 왔어요. 예를 들어 대보초에는 1년에 약 270만 명(2017년 기준)에 달하는 사람들이 산호초를 보기 위해 방문해요. 아름다운 산호초를 보고 마음의 건강을 되찾은 사람이 정말 많답니다! 인간도 이렇듯 산호, 산호초와 더불어 살아왔습니다.

산호초를 부탁해!

인간과 이렇게도 밀접한 산호초가 2050년에는 사라질 수도 있다니, 정말 큰일 아닐까요?

산호초가 사라지면 가장 혜택을 잃게 되는 것은 다름이 아닌 우리 인간입니다. 최근 암을 비롯한 난치병의 치료 약이 산호초에 사는 생물들에서 잇따라 발견되었다고 합니다. 만약 산호초가 없어지면 거기에 사는 많고도 많은 생물이 못 살게 되고, 인간에게 꿈같은 혜택을 주게 될지 모르는 아직 연구가 안 된 생물도 함께 사라지고 만답니다.

그래서 산호초를 지키는 여러 사업이 시작되어 있어요. 1995년 미국, 오스트레일리아, 프랑스, 일본 등 8개 나라가 산호초를 지키자고 '국제 산호초 기구(ICRI)'를 설립했어요. 현재는 약 80개국이 여기에 참여하고 있습니다. 우리나라도 2006년 10월 가입했지요.

이 국제 산호초 기구가 1997년, 2008년에 이어 3번째로 설정한 게 '2018년 국제 산호초의 해'랍니다.

산호초에 이상이 없는지 있는지 정기적으로 관찰하는 세계적 조직이 있어요. 세계 50개국 이상이 참여하는 '리프 체크'란 단체인데, 자원봉사 잠수부, 과학자, 지역의 어업 관계자 등이 힘을 모아서 산호초의 상황을 늘 조사하고 있지요.

개발에서 산호를 지키기 위해 '해양 보호 구역' 설정 사업도 진행되고 있어요. 이때 산호를 먹는 넓적다리불가사리의 구제 등의 보호 사업도 함께 진행됩니다.

과거 산호초가 있었던 곳이나 사라지는 산호초에서는 '산호 재생 사업'이 시행되고 있어요. 돌을 닮은 인공적인 기반을 이용해서 자연에 가까운 상태로 산호의 이식을 진행하는 거예요.

그런데 가장 중요한 건 산호초를 지켜야 한다고 생각하는 사람들의 의식 변화예요.

최근 산호초가 있는 미국 하와이주는 산호초에 유해로운 물질이 들어간 선크림의 사용을 2021년부터 금지한다고 했어요. 또한 미국의 세계적 커피 체인점은 2020년까지 플라스틱 컵이나 빨대 등을 단계적으로 사용 금지한다고 합니다. 이런 행동은 우리가 산호를 위해 당장 할 수 있는 행동이랍니다.

그리고 여러분이 이 책에서 배운 것들을 친구들에게 이야기하는 것, 그게 바로 산호초를 지키는 가장 중요한 일이랍니다! 여러분, 산호초를 부탁해요!

산호 관련 상식 퀴즈

01 산호초는 '바다의 열대 우림'으로 불려요. (○, ×)

02 산호는 '생물'이고, 산호초는 산호에 의해 만들어진 '지형'이에
   요. (○, ×)

03 세상에서 가장 큰 산호초는 오스트레일리아 대륙 동쪽에 있는
   .... 예요.

04 우리나라 바다에도 산호와 산호초가 있어요. (○, ×)

05 산호는 모두 연한 작은 몸인 '폴립'이 모여 구성되어 있어요.
   (○, ×)

06 산호는 다른 생물을 먹는 .... 이에요.

07 종류가 다른 생물이 서로 돕고 더불어 살아가는 것을 ....
   이라고 해요.

08 산호는 낮에는 갈충조가 광합성을 해 얻은 영양분을 받고, 밤에는

촉수로 동물 플랑크톤을 잡아먹고 있어요. (○, ×)

09 생태계에서 먹고 먹히는 관계를 _____이라고 합니다.

10 산호가 쓰다가 내버린 점액은 산호초에 사는 생물의 중요한 먹이가 돼요. (○, ×)

11 산호의 가장 강력한 적은 산호계예요. (○, ×)

12 말미잘은 연하고 긴 촉수가 흔들흔들 흔들리는 바다의 꽃이에요. (○, ×)

13 산호의 가지(뿔)는 작은 물고기들이 큰 물고기한테 습격당하지 않게 해 주는 '은신처' 역할을 해요. (○, ×)

14 산호의 적은 바로 산호예요. (○, ×)

15 산호는 동물이기에 알을 낳아요. (○, ×)

16 산호가 사라질 위기에 놓인 것은 산호의 천적으로 악명 높은 넓적다리불가사리 때문이에요. (○, ×)

17 산호 몸에서 공생하고 있던 갈충조가 산호 몸에서 없어져 산호의 투명한 살 밑에 있는 하얀 뼈대가 내보여 하얗게 보이는 것을 _____이라고 해요.

18 2016년 세계 각지에서 일어난 최대 대규모 백화 현상의 원인으로는 높은 바다 수온을 꼽고 있어요. (○, ×)

19 온난화를 발생하는 온실가스는 인간이 석유, 석탄 등의 화석 연료를 많이 사용하면서 늘어났어요. (○, ×)

20 원래 바닷물은 약간 산성이에요. (○, ×)

21 중추 신경계 이상으로 물고기들이 방향 감각을 잃게 되거나 어패류가 녹는 현상 등도 바다의 산성화 때문이에요. (○, ×)

22 플라스틱 바다 쓰레기 또한 산호를 위협하고 있어요. (○, ×)

23 바닷속 생물들처럼 인간도 오랜 세월에 걸쳐 산호초와 '공생'해 왔어요. (○, ×)

24 산호초는 천연의 방파제이기도 해요. (○, ×)

25 산호초가 사라지면 가장 혜택을 잃게 되는 것은 _____ 입니다.

정답
01 ○   02 ○   03 대보초 또는 그레이트배리어리프   04 ×   05 ○   06 동물
07 공생   08 ○   09 먹이 사슬   10 ○   11 ×   12 ×   13 ○   14 ○   15 ○
16 ×   17 백화 현상   18 ○   19 ○   20 ×   21 ○   22 ○   23 ○   24 ○
25 인간

산호 관련 단어 풀이

해류 : 일정한 방향과 속도로 이동하는 바닷물의 흐름.

해조류 : 바닷말. 바다에서 나는 조류를 통틀어 이르는 말. 자라는 바다의 깊이와 빛깔에 따라 녹조류, 갈조류, 홍조류로 나뉨.

돌산호 : 석회질의 골격이 발달한 산호를 이르는 말.

연산호 : 산호 종류 중 탄산칼슘성 골격을 가지고 있지 않은 산호류.

탄산칼슘 : 칼슘의 탄산염. 대리석, 석회석 등의 주성분을 이루는 무색의 결정이나 흰색의 고체. 물에 녹지 않으며, 시멘트·유리·의약품 따위를 만드는 데에 씀.

유공충 : 석회질이나 규산질의 껍데기가 있고, 껍데기에 있는 작은 구멍에서 실 모양의 위족을 내밀어 먹이를 먹는 단세포 동물.

거초 : 섬이나 대륙에 가까운 얕은 바다에서 육지를 둘러싸듯 발달하는 산호초.

보초 : 육지에서 분리되어 해안을 따라 길게 발달한 고리 모양의 산호초. 이곳과 해안 사이에는, 초호라는 해수가 드나드는 호수가 있음.

환초 : 고리 모양으로 배열된 산호초. 안쪽은 얕은 바다를 이루고 바깥쪽은 큰 바다와 닿아 있음. 주로 태평양과 인도양에 분포.

엽록체 : 식물 잎의 세포 안에 함유된 둥근 모양 또는 타원형의 작은 구조물. 엽록소를 함유하여 녹색을 띠며 탄소 동화 작용을 하여 녹말을

만드는 중요 부분임.

폴립(polyp) : 그리스어로 '많은 다리'라는 뜻. 자포동물의 생활사의 한 시기에 나타나는 체형. 몸은 원통 모양이며 위쪽 끝에 입이 있고 그 주위에 몇 개의 촉수가 있음. 몸의 아래에는 족반이 있어서 바위 따위에 붙어 생활함.

군체(群體) : 같은 종류의 개체가 많이 모여서 공통의 몸을 조직하여 살아가는 집단.

자포 : 자포동물의 자세포에 있는 세포 기관. 실 모양의 기관인 자사가 있는데, 이것으로 몸을 보호하고 먹이를 잡음.

자포동물 : 물에 사는 다세포 동물로, 강장과 입 주위에 많은 자세포를 가진 촉수가 있음. 기본 체형에는 고착 생활을 하는 폴립형과 유영 생활을 하는 해파리형의 두 가지가 있음.

플랑크톤 : 부유 생물. 물속에서 물결에 따라 떠다니는 작은 생물을 통틀어 이르는 말.

황록공생조류 : 산호 체내에서 공생하는 갈색, 황갈색, 황금색 등의 단세포 조류. 갈충조, 주산텔라(zooxanthellae)라고도 함.

조류 : 하등 은화식물의 한 무리. 물속에 살면서 엽록소로 독립 영양 생활을 함. 뿌리, 줄기, 잎이 구별되지 않고 포자에 의하여 번식하며 꽃

이 피지 않음.

먹이 사슬 : 생태계에서 먹이를 중심으로 이어진 생물 간의 관계.

박테리아 : 생물체 가운데 가장 미세하고 가장 하등에 속하는 단세포 생활체. 다른 생물체에 기생하여 병을 일으키기도 하고 발효나 부패 작용을 하기도 하여 생태계의 물질 순환에 중요한 역할을 함.

천적 : 쥐를 먹는 뱀, 진딧물을 먹는 무당벌레처럼 어떤 생물을 공격해 언제나 그것을 먹이로 생활하는 생물.

생존 경쟁 : 생물이 생장과 생식 등에서 보다 좋은 조건을 얻기 위해서 하는 다툼.

해면동물 : 갯솜동물이라고도 하며, 가장 원시적인 다세포 동물이며, 몸의 기본형은 항아리 모양이고 밑부분의 끝이 다른 물체에 부착함. 몸은 부드럽고, 골편이나 섬유 따위로 이루어져 있음.

성구동물 : 별벌레라고도 하며 몸은 긴 방추형으로 앞 끝에는 출입이 자유로운 함입문이 있고 입은 그 끝에 열려 있으며 난할은 나선형임. 암수딴몸으로 성구강과 등촉수별벌레강으로 나뉨. 대개 바다의 모래 진흙 속이나 해초 사이에 살고 있음.

유생 : 곤충에서는 애벌레, 개구리는 올챙이 시절이 있듯이 변태하는 동물의 어린 것을 말함. 배(胚)와 성체의 중간 시기로, 독립된 생활을 영

위하며 성체와는 현저하게 다른 모양과 습성을 가짐.

온난화 : 지구의 기온이 높아지는 현상.

온실가스 : 이산화탄소, 메탄 등 지구 대기를 오염시켜 온실 효과를 일으키는 가스를 통틀어 이르는 말.

화석 연료 : 석탄, 석유 등 지질 시대에 생물이 땅속에 묻히어 화석같이 굳어져 오늘날 연료로 이용하는 물질.

중추 신경계 : 동물의 신경 계통이 집중하여 중심부를 형성하고 있는 부분. 척추동물의 뇌와 척수, 무척추동물의 신경절이 이에 해당하며, 신체 각부의 기능을 통솔하고 자극의 전달 통로를 이룸.

방향 감각 : 공간적으로 자기의 위치와 방향을 지각할 수 있는 능력.

유해 물질 : 인간의 생활에 해를 끼치는 물질.

해양 보호 구역 : 개체군이 과잉 수확되는 것을 막기 위하여 어획을 제한하거나 금지하도록 지정되어 있는 해상 지역. 국립 공원 따위로 지정되어 보호되는 경우도 있음.

참고 자료

- 《바다의 정글 산호초》, 한정기·박흥식, 지성사, 2008
- 《サンゴ礁と海の生き物たち(산호초와 바다의 생물들)》, 中村庸夫, 誠文堂新光社, 2006
- 《さんご礁のなぞをさぐって(산호초의 수수께끼를 살피다)》, 文研出版, 武田正倫, 1990
- 《サンゴの海(산호의 바다)》, ジャク·モイヤー, フレーベル館, 1998
- 《サンゴの海(산호의 바다)》, 長島敏春, 偕成社, 2013
- 《サンゴとサンゴ礁のはなし(산호와 산호초 이야기)》, 本川達雄, 中公新書, 2008
- 《海が温暖化しているってほんと?(바다가 온난화하고 있다는 건 정말일까?)》, 保坂直紀, 講談社, 2016
- 《海とともにくらすにはどうすればいい?(바다와 더불어 살자면 어떻게 하면 될까?)》, 保坂直紀, 講談社, 2016
- 《海が泣いている(바다가 울고 있어)》, 藤原幸一, 少年写真新聞社, 2017
- <酸性化進む海 サンゴ激減(산성화가 촉진되는 바다 산호 격멸)>, 朝日新聞 아사히신문, 2018년 8월 20일호
- <プラスチックごみ、サンゴ成長に悪影響 死滅することも (플라스틱 쓰레기 산호에게 악영향 사멸할 수도)>, 朝日新聞 아사히신문, 2018년 7월 29일호
- Thegurdian.com 2018.1.25.
- MONGABAY.COM https://jp.mongabay.com/
- https://www.theguardian.com/environment/2018/jan/25/billions-of-pieces-of-plastic-on-coral-reefs-send-disease-soaring-research-reveals